AF224084

LE 4 SEPTEMBRE

ET

M. THIERS

PAR

M. LE COMTE DE GARDANE

Mens agitat molem.

PARIS

A. SAUTON, LIBRAIRE,

41, RUE DU BAC, 41

—

1871

I.

Le gouvernement du 4 Septembre est parvenu au comble de l'impopularité. Il est de
bon goût aujourd'hui d'insulter l'illustre Jules
Favre, de se moquer des larmes qu'il a répandues sur les malheurs de sa patrie, et de
lui reprocher le fier langage qu'il a fait tenir à
la France après le désastre de Sedan : « Ni un
pouce de notre territoire, ni une pierre de nos
forteresses. »

Que diraient-ils donc, grand Dieu ! s'il eût
fait tenir à la France un langage abaissé ? Quel
crime on lui ferait de ne pas avoir prononcé

les fières paroles qu'il a dites, les seules qui convinssent à la France !

On lui reproche encore d'avoir sacrifié le pays à son amour-propre en repoussant la paix que M. de Bismark et son roi offraient à bon marché à la France après Sedan.

On affirme hardiment, sans en apporter la moindre preuve, et quoique rien ne soit plus contraire que ce qu'on affirme aux habitudes et au caractère connus de M. le prince de Bismark et de son souverain.

Ah ! si le gouvernement du 4 Septembre eût accepté ce qu'ils n'ont jamais offert, c'est pour le coup qu'on se draperait dans son patriotisme ! Pourrait-on lui pardonner de ne pas avoir disputé le sol de la France, de ne pas avoir continué la lutte, ayant derrière soi la nation sûre de vaincre?

Le tort qu'auront le gouvernement du 4 Septembre et M. J. Favre devant la postérité, ce sera de ne pas avoir traduit immédiatement devant la justice du pays les auteurs du coup d'Etat qui a perdu la France, et leurs principaux complices, dont pendant vingt ans ils avaient dénoncé le crime ; dont pendant vingt ans ils avaient hautement invoqué la responsabilité.

La nation seule avait le droit d'user de clémence, après jugement en forme. Voilà la véritable usurpation de M. J. Favre. Elle n'a pas été au détriment de ses accusateurs.

Le gouvernement de la défense nationale a commis encore la faute grave de ne pas accepter sous bénéfice d'inventaire la succession de l'Empire. Il devait faire constater à la face du monde l'immense désarroi dans lequel il laissait la France, désarroi si grand qu'il équivalait à une livraison à l'étranger.

Il y a des excuses, nous le savons : le canon grondait sur nos frontières. Mais les prétextes ne manqueront jamais. Il n'en est pas d'admissible pour ne pas faire son devoir.

Les mêmes hommes qui dans ce moment terrible, ne parlaient que d'union devant les Prussiens pour sauver la France, disaient-ils, et de remettre à plus tard les questions intérieures, s'efforcent maintenant de tourner la colère du pays sur M. J. Favre et le gouvernement du 4 Septembre.

C'est se moquer bien impudemment de la crédulité d'un peuple d'oser lui dire que 12 hommes sans armes se sont emparés du pouvoir contre la volonté de la France, que leur premier soin a été d'armer. Que ne l'empêchaient-ils donc eux ? Les contes Arabes ne sont rien auprès de ceux-là ; quels magiciens que ces hommes du 4 Septembre ! Merlin, le grand enchanteur, est distancé ; les mystifications de ses ennemis qui ont ravi notre enfance ne valent pas celles des Douze. Il est vrai que, par contre, ces mêmes hommes n'ont cessé d'affirmer que le gouvernement du 2 Décembre était la libre expression de la volonté du pays, qu'il avait soigneusement désarmé.

C'est un reproche plus fondé que nous adressons au gouvernement du 4 Septembre, parce qu'il repose sur des faits : c'est de ne pas avoir donné à la France la République, d'avoir été un simple changement d'enseigne. Ou il a jugé impossible de l'établir, et alors il devait le déclarer franchement au pays, ou bien il était incapable de la fonder, et il devait quitter le pouvoir dans l'un et l'autre cas. On ne saurait s'élever trop énergiquement contre cette manière d'agir.

II.

Notre malheureux pays est travaillé par de sourdes intrigues...

Ce serait à désespérer de ce vaisseau foudroyé, aveugle, cherchant sa route sur une mer furieuse, si l'on n'apercevait à sa tête l'homme supérieur auquel la France, après les terribles expériences qu'elle a faites, a eu enfin la sagesse de confier ses destinées.

Puissance de l'esprit! Cette grande nation dévastée, qui semblait une proie facile, cet homme n'est pas plus tôt investi du pouvoir qu'à l'instant tout change; elle reprend confiance dans ses forces, elle impose à ses ennemis.

Jusqu'ici, M. le prince de Bismark avait eu beau jeu; il n'avait pas rencontré en Europe un adversaire digne de lui. Il a eu toutes les fortunes dans cette guerre, et doit estimer la plus grande de toutes de ne pas avoir rencontré au pouvoir cet esprit infatigable, avec lequel aucune surprise n'est possible.

L'élévation de M. Thiers au pouvoir a été un échec sérieux au très-habile grand chancelier, qui le sait bien!

La fondation de la République en France, avec M. Thiers pour son président, sera un grand coup au roi Guillaume et à l'Allemagne; la plus noble et la plus éclatante des revanches : celle de la civilisation et de l'humanité. Elle rétablira la France à la tête des nations d'où l'Empire l'a précipitée.

La République française avec M. Thiers, ce qu'ils redoutaient le plus ! voilà le spectre qui trouble, comme l'hôte d'une mauvaise conscience, la joie des vainqueurs et qui obsède leur pensée. Ils savent bien que ce merveilleux esprit ne fera aucune faute, et profitera de toutes celles qui échapperont à ses adversaires ; qu'il ne livrera rien au hasard de sa chère patrie.

L'empereur d'Allemagne et son illustre conseiller tremblent à cette heure de n'avoir pas fait une affaire aussi brillante qu'ils croyaient.

Les craintes de M. le prince de Bismark indiquent la conduite qué la France doit tenir. Ce qui semble de plus naturel au monde pour les échappés de ce vaste naufrage, c'est de remettre la conduite et la direction de ce qui reste de ce magnifique vaisseau, que l'incapacité a perdu, entre les mains de l'homme si expérimenté qui depuis vingt ans signalait avec la merveilleuse précision de la science, la position et la distance des écueils où on allait se briser et qui indiquait la route à suivre pour les éviter.

C'est d'avoir confiance en lui, et ne pas permettre que les aveugles qui ont méprisé ses conseils, et ceux surtout qui ont occasionné le plus épouvantable sinistre qu'ait enregistré l'histoire, ne viennent gêner ses mouvements.

Qu'ils le laissent faire, et ce navire, maintenant horriblement désemparé, sera dans quelque temps redevenu l'orgueil des vastes mers.

Sachons attendre.

III.

Quel est le but que la France veut atteindre ?

La forme de gouvernement donnant le plus d'ordre, le plus de sécurité aux personnes et aux propriétés, pouvant rendre la France le plus heureuse.

Quelle est cette forme?

Il n'y a pas de doute là dessus, théoriquement et pratiquement, c'est la forme républicaine des États-Unis. Il est impossible, en effet, de trouver ni dans le passé ni dans le présent une société politique aussi libre, aussi heureuse que la société américaine.

Il y a un siècle que ce bonheur dure.

On est donc autorisé à conclure que ses institutions sont parvenues au plus haut point de perfection qu'il ait été donné encore à l'homme d'atteindre.

Si la politique est une science, la question est jugée.

Et nous croyons qu'elle est une science, bien que ceux qui s'en mêlent chez nous n'aient pas l'air de s'en douter.

Il semble donc que le plus sage serait d'adopter purement et simplement ces institutions

en y apportant les modifications qu'indique-
rait l'expérience.

Cependant telle n'est pas la manière de voir
de tout le monde. La majorité de l'Assemblée
incline visiblement vers le rétablissement de la
monarchie, dans laquelle elle croit voir le meil-
leur gouvernement.

C'est beaucoup en politique comme en toutes
choses de savoir ce que l'on veut, mais ce n'est
pas tout : il faut encore vouloir ce qui est possible. C'est bientôt dit, rétablir la monarchie,
mais le rétablissement de la monarchie ainsi
qu'on l'entend est-il possible en France ?

Comment s'y prendra-t-on ?

On l'a déjà essayé bien des fois, toujours
vainement.

Le plus grand capitaine du siècle l'a entrepris avec la victoire en 1804, il y a misérable-
ment échoué ; puis on a cru mieux réussir avec
l'héritier légitime de l'antique monarchie, en
1815 ; ensuite, avec un prince très-libéral, très-

éclairé et le gouvernement constitutionnel, qui, donnant tant de prospérité au pays, semblait sûr de sa durée ; enfin on a voulu essayer une seconde fois de l'empire. Ces expériences ont toujours abouti à une révolution.

Certes, ceux qui avaient entrepris ce rétablissement n'étaient pas cependant des hommes incapables. D'où vient donc qu'ils n'ont pas réussi ?

Ne serait-ce pas qu'ils se sont tous heurtés contre quelque chose de plus fort que la volonté de l'homme, contre la force même des choses, l'esprit du siècle ?

On espère être plus habiles qu'eux ; mais eux aussi se croyaient successivement plus habiles que leurs devanciers.

L'existence de la monarchie correspondait en France à un état intellectuel et matériel, mais moral principalement, qui a disparu.

Sa chute est venue quand le principe de vie qu'elle recélait a été épuisé.

Elle avait vu bien des orages, elle y avait résisté ; ils ne l'avaient pas empêchée de grandir.

Pendant plusieurs siècles, la monarchie a été un dogme en Europe.

La royauté avait son fondement dans la religion. Roi et peuple, en France, croyaient au droit divin.

Il y avait autour du monarque une noblesse, un clergé, tout-puissants, se considérant comme des hommes d'une race supérieure au reste de la nation, *tanquàm è cœlo domissi homines* ; des hommes quasi-divins. Tout cela paraissait alors chose naturelle.

Mais où sont toutes ces choses aujourd'hui ?

Le temps a fait son œuvre.

On pourra mettre un homme sur un trône : c'est là faire un roi si l'on veut, mais ce n'est pas là rétablir la monarchie. Rendre la vie à un principe épuisé est une autre affaire. Ce serait la plus étonnante découverte que les hommes auraient faite, ce ne serait pas moins que l'immortalité. C'est la raison, cette irrésistible puissance, qui a renversé la monarchie en France et qui la bat en brèche partout où elle existe. Or, on la voit progresser, on ne la voit nulle part retourner en arrière.

C'est donc en avant qu'il faut regarder et non en arrière, et sur la raison qu'il faut bâtir si on veut être solide.

On prétend que la monarchie peut seule assurer la sécurité des personnes et des propriétés.

C'est quand un empereur et un vieux roi, deux hommes dont les peuples maudiront la mémoire de génération en génération, ont déchaîné le fléau de la guerre sur les peuples, jeté sur l'Europe un incendie qui menace de ne plus s'éteindre et de tout dévorer, nos personnes, nos familles et nos propriétés, qu'on ose venir nous vanter les bienfaits de la monarchie ! C'est au lendemain de la plus vaste destruction d'hommes et de choses qu'on invoque la sécurité qu'elle donne aux personnes et aux propriétés?

L'histoire est là pour attester que cette sécurité n'est le propre exclusif d'aucune forme de gouvernement. La vérité est qu'elle n'appartient qu'à une monarchie sage ou à une république sage.

IV.

Et puis, qui donc sera appelé à résoudre cette grande question : monarchie ou république ? Le suffrage universel.

Dans ce cas, il se passera encore quelques années avant que vous puissiez l'interroger. Car il ne peut exister qu'avec l'instruction publique universelle.

Le système que, par un mensonge, on a appelé le suffrage universel, mais qui consistait simplement à faire conduire l'élite de la nation par les campagnes, n'est plus applicable.

Cette jonglerie, qui a couvert la France de ruines de toute espèce, a péri le 4 septembre dans le désastre de Sedan, sous la malédiction publique.

Son incapacité a détruit en quelques années l'œuvre de plusieurs siècles de politique, de prudence, de génie.

Il est incontestable que l'Empire est tombé aux cris de vive la République! répétés par des millions de voix.

Il est incontestable que la République a été acclamée par la nation frémissante, dans toute la France, d'un bout à l'autre, du nord au midi, du couchant à l'aurore.

On peut prétendre que la volonté de la nation a changé, et la nation seule pourrait dire le contraire ; mais il est impossible de soutenir avec apparence de bonne foi qu'elle n'a pas déclaré sa volonté le 4 septembre.

Elle a manifesté cette volonté, non par le vote ordinaire, mais par l'acclamation, qui est une autre manière de voter.

Sans doute, ce n'est pas le vote réfléchi, c'est

le vote passionné, le vote des grandes crises ; mais ce n'en est pas moins un vote. Les Franks, nos ancêtres, n'en avaient pas d'autre. L'essentiel, dans cette matière, ce n'est pas la forme, c'est le fond, c'est que la volonté ne soit pas douteuse. C'est là le vote le plus libre, puisqu'il est spontané ; les habiles n'ont pas eu le temps de nouer leurs intrigues, de dresser leurs batteries ; ils se taisent ou se cachent. Plus étendu que le suffrage universel, puisque toute la population y prend part dans un sentiment unanime, il lui est supérieur et le domine.

Qu'on nous dise en vertu de quel pouvoir existe le gouvernement et siége la Chambre, si ce n'est en vertu de ce pouvoir ?

D'où vient que le gouvernement a inscrit en tête des lois, des décrets, le mot République, et qu'il le maintient ?

Ou il exprime la volonté de la nation, ou la sienne. Laquelle ?

Ce pouvoir est le seul légitime pour tout

honnête homme, jusqu'à ce que la nation con-
sultée exprime une volonté différente.

Mais il faut la demander à un autre système
que celui qui a brisé cette magnifique France
au milieu de douleurs inouïes.

C'est dans le retour sincère de tous à la vérité, à la franchise, à l'antique loyauté française, qu'est le salut du pays.

Il faut mettre les lois d'accord avec les
faits.

Toutes les portions de la nation ne sont pas
arrivées au même degré de culture, de civilisation. Il est malheureusement positif que ce
qui forme la plus grande partie de la population, que les campagnes sont à une distance
énorme, à une distance de plusieurs siècles, de
la civilisation du reste de la nation, par suite
du misérable abandon dans lequel elles végè-
tent. Elles n'ont absolument aucune idée politique, tout se résume pour elles dans un bien-
être matériel : payer le moins d'impôts, garder

leurs enfants, vendre leurs denrées. Tout le reste leur est indifférent.

Les hommes honnêtes et éclairés ne troubleront jamais l'ordre, mais ils ne donneront jamais leur consentement à un pareil pouvoir.

Ils veulent l'ordre, mais un ordre intelligent.

D'ailleurs, de quel droit le consulteriez-vous? Il vous avait envoyé ses représentants; ne les avez-vous pas chassés?

Si ce faux suffrage universel, d'où sont sortis l'Empire et les Plébiscites qui ont détruit la France, est encore souverain, le pouvoir actuel et la Chambre sont simplement des traîtres, des rebelles dignes des commissions militaires et passibles des plus hautes peines.

Dans ce cas, le pouvoir légitime c'est l'Empereur.

V.

Mais supposons les deux choses le plus favorables aux monarchistes : l'une, un suffrage universel légitime; l'autre, l'unanimité des suffrages donnés à la monarchie. Est-on bien sûr qu'on aurait le droit de disposer de la souveraineté nationale?

Que la nation ait le droit de se donner le gouvernement qu'il lui plaît, cela ne fait l'objet d'un doute pour personne; mais qu'elle ait le droit d'imposer à la France un gouvernement pour l'avenir, c'est très-douteux et qui plus est impossible.

Les Français de 1871 ne sont pas la France, pas plus que ceux de 1271 ne l'étaient. La France ne meurt pas. Ils ne sont pas plus la France que nos pensées d'un jour ne sont tout nous-mêmes : d'autres pensées leur succéderont. La France c'est la succession des générations qui furent, qui sont et qui seront.

Si elle a ce droit aujourd'hui, elle l'a toujours.

Vous ne pouvez plus vous appuyer sur la foi. Sur quoi vous appuyerez-vous?

Vous êtes trop honnêtes pour renouveler le

pacte ridicule inventé par l'Empire et une coinstitution perfectible et indiscutable.

Vous vous appuyerez sur l'intérêt qu'a la nation à adopter un roi. Mais l'intérêt est, de sa nature, la chose du monde la plus changeante. Et puis il n'y a pas là un principe obligatoire : je n'ai pas le devoir de suivre mon intérêt, et vous n'avez pas le droit de me contraindre au nom de mon intérêt.

Que répondre à ces jeunes hommes quand ils diront : « Vous avez adopté la forme de gouvernement qui vous a paru la meilleure ; c'est bien, si elle vous a rendus heureux ; mais nos idées, nos besoins n'étant pas les mêmes, souffrez que nous adoptions, à notre tour, celle qui doit faire notre bonheur. Nos droits sont les mêmes que les vôtres. »

Vous leur opposerez la majorité, la force au besoin ? Aujourd'hui, oui ; mais demain ils seront un million de plus, et un jour viendra qu'ils seront la majorité. En attendant, comme ils sont la jeunesse, ils engageront la lutte dès qu'ils seront assez nombreux, et cette lutte, c'est une révolution.

N'est-il pas plus sage de la prévenir, comme on le fait aux États-Unis, en appelant les citoyens aux urnes pour exercer leurs droits tous les quatre ans?

Quel intérêt ont les générations qui partent à empêcher les générations qui viennent à se donner le gouvernement qu'elles préfèrent?

Peuvent-elles l'empêcher?

C'est d'une élection que l'on espère tirer la monarchie. C'est une illusion.

On pourra décréter tout ce qu'on voudra, entasser sophismes sur sophismes, ce ne seront jamais les légistes ni les rhéteurs qui manqueront à la France qui en a des fabriques; mais quoi qu'on fasse et qu'on dise, on ne changera pas la nature des choses : il ne sortira jamais d'une élection qu'un mandat révocable et un mandataire responsable.

La souveraineté nationale, sortie de la ruine du principe monarchique en 89, restera inaliénable parce que telle est sa nature.

Nous n'avons pas à apprécier si c'est un bien ou un mal, mais à constater que ce droit ne peut périr qu'avec la nation elle-même.

Elle est devenue souveraine, et souveraine qui ne peut abdiquer, condamnée à porter sa couronne ou à cesser d'être.

C'est là le fait dominant qui se dégage avec éclat de toute ces tentatives avortées, et que paraissent oublier tous les gouvernements. Il n'y a donc plus que le pouvoir électif de possible en France.

C'est dans la franche introduction de ce principe dans la forme de notre gouvernement que nous voyons la stabilité. Ce sont les élections qui sont appelées à supprimer dans les sociétés modernes la cause des révolutions.

D'un autre côté, il ne ressort pas avec moins d'éclat un autre fait dont il faut tenir compte ;

à savoir, que ce souverain est très-peu éclairé. La preuve, c'est qu'il est berné à qui mieux mieux avec grand profit pour les mystificateurs.

Tout cela doit faire regretter amèrement la chute de ce sage et honnête gouvernement de Juillet, qui librement acheminait sans secousse la nation vers la République, et qui était supérieurement d'accord avec la situation du pays.

VI.

Mais, dit-on, la République a été proclamée trois fois en France, et trois fois elle s'est noyée dans le sang.

L'objection repose sur un fait absolument faux. La République proprement dite n'a jamais existé en France. Il est vrai qu'elle a été proclamée trois fois, mais la proclamation et l'existence sont deux choses.

Si un roi ou un empereur suffit pour constituer une monarchie, l'absence d'un monarque ne constitue pas une République. Ce qui la constitue, ce sont certaines institutions, une organisation particulière, ayant pour principes la liberté et l'égalité des citoyens.

Les avons-nous jamais eues?

A cette heure même, n'avons-nous pas encore le mécanisme, les institutions, les lois de la monarchie et de l'empire? A l'exception de quelques-uns, ne sont-ce pas partout les personnages de l'empire? Qu'y a-t-il de changé pour nous en France?

Absolument rien.

Alors de quel droit appeler cela République?

Car, enfin, la République consiste ou dans les institutions ou dans les hommes, si ce n'est en l'un et en l'autre. Si c'est dans les institutions, changez les institutions; si c'est dans les hommes, changez les hommes.

L'objection est donc sans valeur; il faut chercher d'autres raisons.

On pourra dire qu'un pays qu'on traite avec

un pareil sans façon n'est pas très-éclairé;
qu'il n'a nullement l'âme républicaine, puisque ceux qui saisissent le pouvoir sont aussi
despotes que ceux dont ils prennent la place,
et que la nation se courbe également sous tous
les maîtres; qu'il faut aimer fortement la liberté
pour la faire respecter chez soi et la respecter
chez les autres; qu'il est affamé de titres, de
distinctions, tout cela peut se soutenir, parce
qu'il y a de la vérité là dedans; mais on ne
peut dire que la France ait jamais eu la République, parce que cela n'est pas.

Quand il sera bien entendu que la Chambre,
le gouvernement ne sont pas souverains, mais
seulement les délégués de la nation;

Quand il ne sera plus permis à une Chambre ni à deux, quel que soit leur nom, de
toucher à ce qui appartient à la nation : la
liberté de la presse, celle de la parole, de
réunion paisible, de pétition ;

Quand l'instruction publique et obligatoire

élèvera à sa plus haute puissance chacun des éléments dont se compose la Société ;

Quand nous aurons cinq cent mille instituteurs et institutrices aussi honorablement rétribués qu'ils le sont mal ;

Quand nous n'aurons plus de religion d'État;

Quand on aura diminué le nombre immense des places inutiles ;

Quand on aura réduit les gros traitements, de manière à ne pas exciter outre mesure la passion pour les places ;

Quand les monopoles qui ont, entre autres fâcheux effets économiques, celui de rendre les choses qui en sont l'objet plus chères, plus rares et plus mauvaises, auront disparu ;

Quand nous aurons un Président de la République élu pour quatre ans;

Quand nous aurons une Chambre des Représentants élue tous les deux ans, et une Chambre appelée Sénat, élue pour six ans et se renouvelant par tiers tous les deux ans;

Quand le Pouvoir sera l'expression réelle de la volonté nationale, c'est-à-dire du suffrage universel libre et éclairé de la nation ;

Quand la terre de France sera affranchie, c'est-à-dire quand les inégalités qui existent entre la propriété mobilière et la propriété immobilière, inégalités que rien ne justifie, et qui constituent au profit de la première d'énormes priviléges au détriment de la seconde qu'ils ruinent, auront disparu et fait place à l'égalité qui existe entre les personnes ;

Quand cette grande mesure d'équité aura augmenté dans une proportion incalculable la valeur du sol français, et amélioré la condition de ses possesseurs ;

Quand la procédure simple, prompte, peu coûteuse de la propriété mobilière sera la même pour la propriété immobilière, régie actuellement par celle que l'on sait, si compliquée, si longue, si ruineuse ;

Alors nous aurons réellement la République,

et si elle ne peut se maintenir, l'épreuve aura
été faite et sera concluante.

VII.

En attendant la première réforme, la plus
urgente est celle du suffrage universel. Il est
indispensable que la nation ait un organe exact,
précis, au moyen duquel elle manifeste une
volonté libre et éclairée.

La France dévastée par la guerre étrangère,
déchirée par la guerre civile, a besoin d'une
autorité incontestable, que tout le monde soit
forcé de reconnaître, et qui puisse ramener
parmi nous l'union indispensable au salut
commun.

L'Assemblée qui siége à Versailles aura joué
un rôle considérable dans les destinées du
pays. Elle s'est montrée inspirée des vrais in-
térêts de la nation, animée du plus louable
patriotisme et habile en même temps, quand

elle s'est donnée pour chef du Pouvoir exécutif l'homme que la voix du pays appelait dans un moment formidable au périlleux honneur de son gouvernement.

Aujourd'hui elle a fait son œuvre. Tout ce qu'elle devait faire, elle l'a fait.

Une assemblée provisoire, précipitamment élue, sous la pression la plus douloureuse et la plus humiliante pour la France, et au moyen encore du système électoral d'où sont sortis l'Empire et les Plébiscites qu'elle a rejetés mais qu'elle n'a pas eu le temps de réformer, une assemblée nommée à la seule fin de déclarer si le pays voulait faire la paix ou continuer la guerre, doit se retirer quand elle a terminé sa mission, et que le fait qui a provoqué sa formation a disparu.

La France, revenue à un état régulier, normal, a besoin d'une assemblée qui soit également régulière.

L'Assemblée actuelle ne répond plus aux

besoins du pays ; elle ne peut raisonnablement prétendre à la pleine autorité d'une majestueuse assemblée française régulièrement élue.

Cette assemblée, pour avoir toute sa force, doit siéger dans la capitale ; ce n'est que de là qu'elle peut avoir de l'écho et parler à la France. C'est à la tête qu'est la parole et non à l'épaule ou au genou. Un abîme existe entre Paris et l'Assemblée actuelle. Cet état de choses ne saurait se prolonger sans mettre en danger l'existence même du pays.

L'instinct de la conservation qui a porté le pays vers M. Thiers, lequel a toujours combattu avec sa haute raison la pensée anti-nationale, le vœu impie de la décapitalisation de Paris et les méfiances de l'Assemblée, le pousse à souhaiter vivement une autre assemblée, image de l'ordre rétabli, et pouvant opérer la conciliation que désirent tous les bons esprits.

Les regards du monde sont fixés sur l'Assemblée et sur M. Thiers. Celle-ci donnera-telle cet exemple de patriotisme en se retirant d'elle-même sans attendre l'injonction du pays? Quant à M. Thiers, parmi nous, sans conteste le représentant le plus illustre depuis Mirabeau, son compatriote, de la Révolution dont il a tracé dans sa jeunesse d'une main si ferme et si habile les pages immortelles, la Providence semble avoir réservé à son patriotisme l'œuvre la plus glorieuse : la fondation même de ce nouvel ordre des choses. La confiance qu'il inspire ne fait qu'augmenter, mais sa tâche est immense.

Un triple problème se pose devant lui : politique, social, économique.

Donner à sa patrie les institutions républicaines qu'elle désire ; rétablir sur leur socle antique tout ce qui est respectable parmi les hommes : la vérité, la justice, la liberté sainte, abattues ; réparer les désastres de la guerre, ranimer l'agriculture, le commerce, l'industrie, leur imprimer une vive impulsion ; rétablir la puissante concorde, effacer les traces de nos discordes civiles ; ranimer les idées généreuses de la nation; relever les âmes; enfin fonder pour la première fois en Europe une grande société d'hommes libres, n'ayant rien à envier à leurs frères du nouveau monde; sortir une nation de ses ruines et lui donner une vie nouvelle, telle est, en un mot, l'effrayante tâche de M. Thiers. Washington n'avait que l'œuvre du guerrier et du législateur, et il avait affaire aux pieux descendants des Puritains.

Les honnêtes gens doivent comprendre que le génie n'y saurait suffire et que cet honnête homme a besoin qu'on seconde son dévouement au pays.

Cette œuvre ne peut être celle d'un jour.

Pour l'accomplir, il faut au plus tôt sortir franchement du provisoire où nous sommes, il faut surtout que M. Thiers puisse agir. Or, il ne peut agir que faiblement s'il dépend de l'Assemblée. Non-seulement il ne doit pas être gêné, mais il doit avoir la plus grande liberté d'action possible. Pour cela il faut lui donner les pouvoirs nécessaires : un pouvoir indépendant de l'Assemblée et d'une nature différente.

Sa nation seule peut les lui donner.

Le titre de Président de la République française est nécessité par les circonstances ; il peut seul permettre à un puissant esprit d'assurer le salut de la patrie.

La Société française, qu'il a sauvée d'une épouvantable dissolution, lui doit une reconnaissance éternelle.

Si nous ne nous trompons, un grand spectacle se prépare, et avant peu l'Europe assistera, à un siècle de distance, à un événement semblable à celui qui eut pour théâtre le Nouveau-Monde et qui a immortalisé Washington.

Paris.—Typogr. de E. Brière, rue Saint-Honoré, 257.